AF283604

NUEVOS DATOS SOBRE LA PREHISTORIA RECIENTE EN LA ORILLA AFRICANA DEL ESTRECHO·DE GIBRALTAR (2200-600 AEC)

Resultados preliminares de las excavaciones en
Kach Kouch (Oued Laou, Marruecos) y
su relación con los orígenes de Ceuta

Hamza Benattia

INSTITUTO DE ESTUDIOS CEUTÍES
CEUTA 2024

© Del texto, sus autores, 2024.

© De la imágenes, sus autores, 2024.

El contenido de esta publicación procede de la Beca concedida por el Instituto de Estudios Ceutíes, perteneciente a la Convocatoria de Investigación de 2021.

Colección *Trabajos de Investigación*
Historia y Aqueología

© EDITA: INSTITUTO DE ESTUDIOS CEUTÍES
Apartado de correos 593 • 51080 Ceuta
Tel.: + 34 - 956 51 0017
E-mail: iec@ieceuties.org
www.ieceuties.org

Comité editorial:
Carlos Pérez Marín • José Luis Ruiz García
Adolfo Hernández Lafuente • María José Fernández Maqueira
Guadalupe Romero Sánchez • María Jesús Fuentes García

Jefa de publicaciones:
María Teresa Cuesta Chaparro

Diseño y maquetación:
Enrique Gómez Barceló

Realización e impresión:
Papel de Aguas S.L. - Ceuta

ISBN: 978-84-18642-60-9
Depósito Legal: CE 27 - 2024

Quedan reservados todos los derechos:

Esta publicación no puede ser reproducida, ni en todo ni en parte, ni registrada en, ni tramitada por, sistema de recuperación de información, en ninguna forma ni por ningún medio, sea mecánico, fotoquímica, electrónico, magnético, electroóptico, por fotocopia, o cual otro, sin permiso previo del Instituto de Estudios Ceutíes.

ÍNDICE

AGRADECIMIENTOS*

En primer lugar, los autores agradecen al *Institut National des Sciences de l'Archéologie et du Patrimoine* (INSAP) de Rabat y a la *Direction du Patrimoine Culturel* de Marruecos la expedición de los permisos de excavación y la ayuda prestada durante la realización de los trabajos de campo. También agradecen a las instituciones y organismos que han contribuido financieramente a sufragar los gastos de las dos campañas de excavaciones realizadas en Kach Kouch. Al margen de los organismos y entidades a los que están vinculados varios de los firmantes de esta publicación (INSAP y UCLM), entre estas destaca el IEC (ayudas a la investigación 2021/44291) y otras instituciones internacionales como *The Prehistoric Society, The Barakat Trust, American Society of Overseas Research, The Mediterranean Archaeological Trust* y el *Centre Jacques Berque.*

*Este trabajo está dedicado a la memoria de Joan Sanmartí Grego, catedrático de arqueología en la Universidad de Barcelona y discípulo de M. Tarradell, triste y prematuramente fallecido durante la redacción de este texto.

Investigador principal:

Hamza Benattia. Facultad de Geografía e Historia, Universitat de Barcelona.

Equipo del proyecto:

Jorge Onrubia Pintado. Facultad de Letras, Universidad de Castilla La Mancha.

Cyprian Broodbank. McDonald Institute for Archaeological Research, University of Cambridge.

Youssef Bokbot. Institut National des Sciences de l'Archéologie et du Patrimoine, Rabat.

Joan Sanmartí Grego†. Facultad de Geografía e Historia, Universitat de Barcelona.

Giulio Lucarini. Consiglio Nazionale delle Ricerche (ISPC-CNR), Italia.

Joan Ramon Torres. Institut Català d'Arquelogia Clàssica (ICAC). Tarragona.

Rafael M. Martínez Sánchez. Facultad de Filosofía y Letras, Universidad de Córdoba.

Mohamed Kbiri-Alaoui. Institut National des Sciences de l'Archéologie et du Patrimoine, Rabat.

Moad Radi. Institut National des Sciences de l'Archéologie et du Patrimoine, Rabat.

Hassan Hachami. Institut National des Sciences de l'Archéologie et du Patrimoine, Rabat.

Zayd Ouakrim. Institut National des Sciences de l'Archéologie et du Patrimoine, Rabat.

Asmae El Qably. Institut National des Sciences de l'Archéologie et du Patrimoine, Rabat.

Lorena Lombardi. Universidad de Pisa. Italia.

Eric Sobrevia Corral. Laiteana Patrimoni (LAIPAT).

Pau Menéndez Molist. Facultad de Geografía e Historia, Universitat de Barcelona.

Bouchra Bouhamidi. Institut National des Sciences de l'Archéologie et du Patrimoine, Rabat.

Meryem Benerradi. Institut National des Sciences de l'Archéologie et du Patrimoine, Rabat.

Noufel Ghayati. Institut National des Sciences de l'Archéologie et du Patrimoine, Rabat.

Othman-Echcherif Baamrani. Institut National des Sciences de l'Archéologie et du Patrimoine, Rabat.

Tachfine Touri. Institut National des Sciences de l'Archéologie et du Patrimoine, Rabat.

Jared Carballo Pérez. Universidad de La Laguna

Khaoula Hor. Institut National des Sciences de l'Archéologie et du Patrimoine, Rabat.

Malakout Kiche. Institut National des Sciences de l'Archéologie et du Patrimoine, Rabat.

Fatima Zohra Farhi. Institut National des Sciences de l'Archéologie et du Patrimoine, Rabat.

Pedro J. Sosa Alonso. Universidad de Las Palmas de Gran Canaria.

NUEVOS DATOS SOBRE LA PREHISTORIA RECIENTE EN LA ORILLA AFRICANA DEL ESTRECHO DE GIBRALTAR (2200-600 AEC)

INTRODUCCIÓN

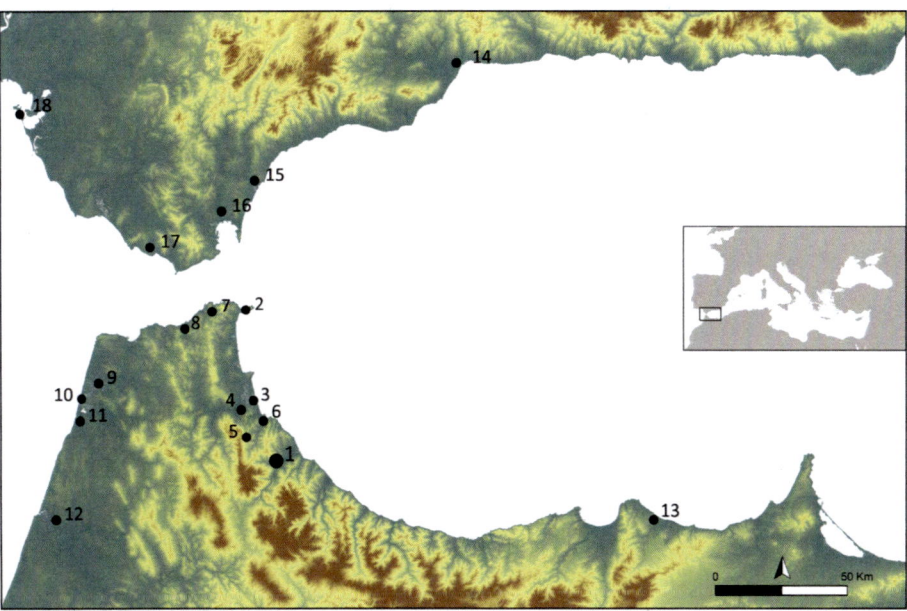

Figura 1. Principales yacimientos mencionados en el texto: 1 Kach Kouch, 2 Ceuta, 3 Sidi Abdelsalam del Behar, 4 Kitane, 5 Kaf Taht el Ghar, 6 Emsá, 7 Hafa II y Benzú, 8 Dhar Aseqfane, 9 Cistas Tánger, 10 El Brayech, 11 Kouass, 12 Lixus, 13 Sidi Driss, 14 Bahía de Málaga, 15 Castillejos de Alcorrín, 16 Ringo Rango y Carteia, 17 Silla del Papa, 18 Bahía de Cádiz. MDS: ALOS DSM

Durante los últimos lustros se ha producido, tanto en Europa como en el norte de África, un importante renacimiento del interés por la formación y desarrollo del urbanismo en el primer milenio antes de nuestra era, y también de todos los fenómenos relacionados con este proceso: renovación tecnológica, creación y expansión de los sistemas de escritura, crecimiento demográfico y, en última instancia, formación de las entidades político-territoriales que conocemos como "jefaturas", "estados" y "ciudades estado". En nuestro territorio, esta investigación ha supuesto globalmente un avance importante del conocimiento sobre todos estos

11

aspectos del proceso histórico, pero de manera ciertamente desigual, ya que no se ha tratado de una iniciativa coordinada entre los distintos actores científicos y administrativos implicados, sino más bien de la suma o yuxtaposición de distintos proyectos unidos por un interés creciente en torno a la Protohistoria del Mediterráneo occidental.

Dentro de este contexto general, el Magreb ocupa una posición especial, por distintos motivos. El primero es el pasado colonial y las inercias que derivan del mismo, ya que, como es bien sabido, se primó, en general, el estudio del mundo romano, por razones políticas bien conocidas, sobre las cuales no es necesario abundar. El segundo es la continuidad de ocupación –a menudo hasta el presente– de un gran número de asentamientos, con las lógicas consecuencias de escasa o nula accesibilidad a los niveles más antiguos. A ello es preciso añadir los avatares derivados de la inestabilidad política de la zona desde los años noventa del siglo pasado, que también han repercutido en la intensidad y continuidad de los trabajos de investigación.

La segunda peculiaridad es la naturaleza misma del proceso histórico en esta región en tiempos prerromanos, claramente diferente del que se produjo en la orilla septentrional del Mediterráneo centro-occidental. En efecto, mientras que en esta última zona se desarrollaron estructuras políticas de reducido tamaño (correspondientes a caudillajes y a ciudades estado, como ha sido reconocido en la costa ibérica y la Galia mediterránea, y también en buena parte de Italia, en particular en Etruria), en el Magreb se constituyeron grandes estados "monárquicos", que llegaron a adoptar formas y símbolos propios de las monarquías helenísticas, y supusieron en su momento un obstáculo importante a la expansión del imperialismo romano. Cabe suponer, por consiguiente, que en el norte de África se produjeran a lo largo del primer milenio AEC procesos de cambio sociocultural distintos de los que caracterizaron otras zonas del Mediterráneo occidental donde se comienzan a comprender gracias a la investigación de los últimos decenios.

Nuestras investigaciones deben ser encuadradas en el contexto regional del estrecho de Gibraltar, entendida esta como región geohistórica que comparte características crono-culturales propias (Tarradell 1959; Raissouni et al., 2016: 456), fruto de una larga tradición de contactos entre ambas orillas que implicaron el movimiento de personas (Fregel et al., 2018;), ideas (Souville, 1973; Del Amo, 1993; Morales et al., 2016) y objetos (Onrubia Pintado, 1988; Ruiz Gálvez, 1995; Bokbot, 2005; Schuhmacher y Banerjee, 2012). El renovado interés, en las últimas décadas, por conocer la transición al Neolítico antiguo en el Norte de África, ha permitido comprender mejor la manera en que se desarrolló este proceso en el Estrecho. La cerámica cardial, así como las especies animales y vegetales domesticadas documentadas en la región a partir de mediados del sexto milenio AEC, son el resultado de movimientos de poblaciones en el contexto del Neolítico antiguo del Mediterráneo occidental (Tarradell, 1954 y 1957; El Idrissi, 2001; Vijande et al. 2011; Broodbank y Lucarini, 2019, Martínez et al., 2021). Desafortunadamente, el avance científico realizado durante las últimas décadas en la orilla africana del Estrecho no ha sido suficiente para permitir una correcta lectura diacrónica de las distintas fases postneolíticas de la Prehistoria Reciente anteriores a la presencia fenicia (c. 3000-800 AEC). Pese a que las prospecciones realizadas en la vecina provincia de Tetuán han permitido localizar asentamientos al aire libre adscribibles al período comprendido entre el tercero e inicios del primer milenio AEC (Ramos et al., 2011; Raissouni et al., 2016), ninguno de estos yacimientos ha sido objeto de excavaciones arqueológicas, razón por la cual se dispone de muy poca información. En general, el tercero y el segundo milenio AEC es conocido en la región a partir de excavaciones realizadas, en ocasiones hace más de un siglo, en cuevas y en las necrópolis de cistas (Ponsich, 1970), lo que implica un problema de registro dado que la información que aportan este tipo de yacimientos es limitada, sobre todo teniendo en cuenta que la mayoría de las ocupaciones o frecuentaciones en cueva, especialmente durante el segundo milenio, están relacionadas con ocupaciones esporádicas de pastores (Ramos et al., 2011) e inhumaciones (Ramos et al., 2011; Vijande-Vila et al., 2019). Comprender las dinámicas sociales, culturales y económicas que caracterizaron el segundo milenio AEC en la región es fundamental para poder evaluar los cambios que se produjeron durante la fase subsiguiente, conocida regionalmente como Período Mauritano (c. 800 AEC - 40 EC) (Akerraz et al., 2020b). Este último está subdivido a su vez en varias subfases, de las cuales nos interesa especialmente el Mauritano 1 (c. 800-500 AEC), caracterizado por la fundación de los primeros asentamientos fenicios en el Mediterráneo occidental, así como un incremento generalizado de las conexiones con otras regiones y comunidades mediterráneas y atlánticas.

Con el objetivo de comprender mejor las dinámicas sociales, culturales y económicas de la orilla africana del Estrecho, entre el tercero e inicios del primer milenio AEC, venimos desarrollando desde el año 2019 una serie de prospecciones y excavaciones extensivas en las regiones de Tánger y el Rif occidental (valles del río Laou y Stehat). Dicha investigación ha dado como resultado la publicación de varios artículos (Benattia et al., en prensa; Benattia et al., en preparación). En este trabajo exponemos los resultados preliminares de las intervenciones arqueológicas realizadas en el asentamiento de Kach Kouch (especialmente durante la campaña de 2022), que han permitido situar su ocupación entre finales del tercer milenio e inicios del primer milenio AEC. Se demuestra, por tanto, la continuidad de ocupación entre las fases de la Prehistoria Reciente y el Período Mauritano, lo que convierten a este singular asentamiento en un sitio clave para comprender las dinámicas locales del norte de África, así como los cambios y continuidades que se produjeron a inicios del primer milenio AEC, como resultado de la interacción entre comunidades locales norteafricanas y comunidades o individuos de origen o cultura fenicia.

HISTORIA DE LA INVESTIGACIÓN
EN KACH KOUCH

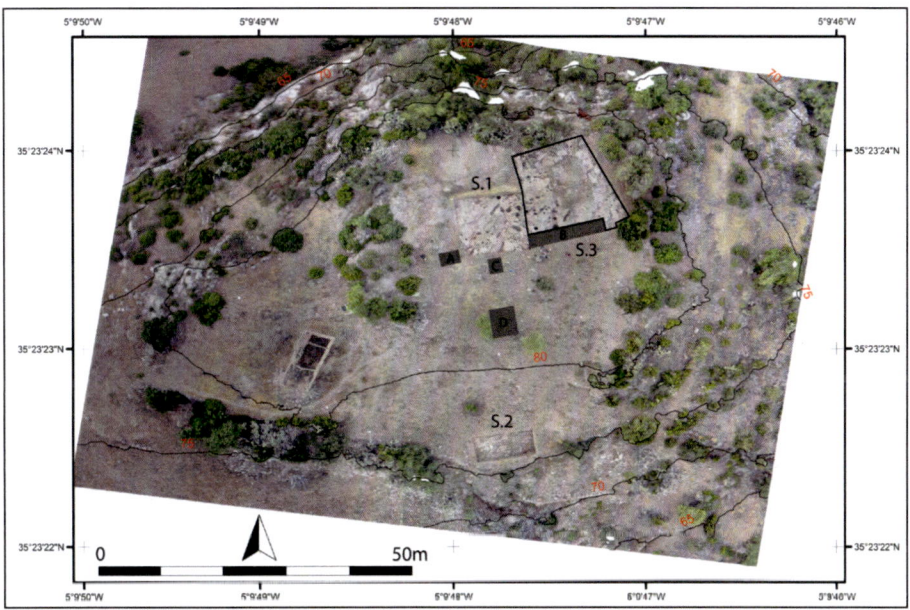

Figura 2. Imagen fotogramétrica del asentamiento de Kach Kouch con la posición de los distintos sondeos realizados. En gris, los sondeos del año 1992

El asentamiento de Kach Kouch fue localizado por un equipo maroco-español en el marco de un proyecto de cooperación en materia de arqueología dirigido por Mohamed-Abdeljalil El Hajraoui y Manuel Fernández Miranda a finales de los años 80 del pasado siglo (Akerraz et al., 2020a). En el año 1992, se llevó a cabo una primera intervención arqueológica mediante la excavación de 4 sondeos de limitada extensión, (figura 2, zonas en gris), orientados a confirmar las características y la cronología del asentamiento (Bokbot y Onrubia, 1995). En esta primera campaña se identificaron diversos hoyos correspondientes con agujeros de postes y silos, asociados a restos de cerámica a mano y a torno, esta última de tradición fenicia occidental. Se concluyó, por tanto, que se trataba de un asentamiento ocupado entre los siglos VIII y VI a.C por una comunidad local que mantuvo intercambios con los fenicios (Bokbot y Onrubia, 1995). En el mismo lugar, aunque en época posterior, se instaló una necrópolis islámica representada por inhumaciones en decúbito lateral derecho y sin ningún resto de cultura material asociado.

En el otoño del año 2021, casi 30 años después de esa primera intervención, se decidió dar continuidad a los trabajos de investigación en el asentamiento. Para ello, propusimos realizar una intervención arqueológica basada en la excavación en extensión, intentando evitar los sondeos de pequeñas dimensiones. Un primer sondeo de 9x9m se instaló en la cima de la colina y otro, de 4x8m en la ladera sur, una zona poco explorada durante la campaña de 1992 y en la cual la existencia de un desnivel del terreno hacía pensar en el posible límite del asentamiento (figura 2). Las excavaciones tuvieron una duración total de un mes, pudiéndose agotar la estratigrafía en la totalidad de la superficie excavada. En la zona de excavación localizada en la parte superior de la colina, denominada sondeo 1, las excavaciones revelaron la existencia de numerosos recortes realizados sobre el substrato geológico, pudiéndose determinar que se trataban en su mayoría de agujeros de poste y silos. A estos se sumaban diversas fosas, también excavadas en el nivel geológico, relacionadas con la necrópolis islámica, de las cuales se exhumaron un total de 22 individuos. El estudio detallado de los diversos agujeros de poste documentados en el sondeo 1 permitió detectar la existencia de al menos una estructura de tendencia circular identificada en planta a partir del alineamiento de varios agujeros de poste (estructura 3, figura 8). En el espacio interior delimitado por dichos agujeros de poste, fuertemente alterados por las sepulturas de época medieval, se documentaron dos unidades estratigráficas que parecían estar en relación con la ocupación de dicha estructura. El resultado del análisis radiocarbónico realizado sobre una semilla de cereal procedente de este contexto ha ofrecido una fecha calibrada a dos sigmas entre 1283-1054 AEC (Beta-617419: 2970 ± 30BP). Por otro lado, el resultado de una muestra, también sobre una semilla doméstica procedente de uno de los silos documentados en el sondeo 1, han ofrecido fechas de la primera mitad del primer milenio AEC, (Beta-617420: 2420±30BP), sin poder precisarse su cronología debido al error de calibración producido por la meseta de Hallstatt. No obstante, a tenor del estudio de la cerámica a torno recuperada en dicha estructura y en general en todo el yacimiento, el final de esta ocupación no parece superar el siglo VII AEC.

Por su parte, el sondeo 2, realizado en la ladera sur de la colina, permitió recuperar una gran cantidad de cultura material, especialmente fragmentos de cerámica, a partir de la excavación de dos potentes unidades estratigráficas cuya formación, no obstante, parece ser fruto de procesos posdeposicionales ligados a la acumulación de sedimento y material procedente de la erosión de las zonas superiores de la colina. También se han documentado en este espacio una serie de recortes sobre el sustrato geológico de roca caliza que, a diferencia de los localizados en el sondeo 1, por forma y tamaño parecen más bien obedecer a factores naturales. Es posible que algunos de estos recortes fuesen en origen antrópicos y que la acción de los agentes climáticos, especialmente el agua, hayan alterado las formas originales. Una datación sobre semilla de cereal procedente de uno de estos recortes ha ofrecido una fecha calibrada a dos sigmas entre 1374-1048 AEC (LTL22965: 2967±40BP). Esta datación permite afirmar que la ocupación de esta zona se remonta, como mínimo, al último tercio del segundo milenio AEC, aunque es posible que se tratase de una ocupación menos intensa y probablemente marginal con respecto al núcleo del asentamiento que debía hallarse en la cima y las laderas situadas en su entorno inmediato. Por esta razón, durante la siguiente campaña de excavación, realizada en 2022, se decidió concentrar la intervención en un solo sondeo realizado en la parte superior de la colina, tomando como base los resultados de la intervención precedente y con los siguientes objetivos:

1. Realizar un detallado análisis de los restos de estructuras, materiales constructivos y técnicas de construcción del asentamiento de Kach Kouch, mediante la excavación sistemática y el registro detallado tanto de los restos arquitectónicos como de su posición estratigráfica y espacial.

2. Aplicar novedosas técnicas de registro, representación y consulta espacial para esta zona (fotogrametría terrestre y aérea, SIG, estación total y GPS diferencial), con el objetivo de documentar –con alta precisión– la posición de los distintos tipos de restos de cultura material y unidades estratigráficas del yacimiento. El objetivo es generar un exhaustivo registro tridimensional que permita realizar consultas espaciales.

3. Realizar un análisis sistemático de todos los elementos de cultura material recuperados mediante el procesado de los materiales arqueológicos después de la excavación. Un objetivo específico es realizar una tipología para la cerámica a mano de Kach Kouch tomando como base la tipología y metodología seguida en el estudio de la cerámica de Ceuta (Villada Paredes et al., 2010:154), de forma que se estandarice el estudio de la cerámica a mano de la región.

4. Reconstruir el paleopaisaje, los modos de vida y las distintas actividades económicas desarrolladas en Kach Kouch, a partir del estudio de los restos macrobotánicos y de cultura material recuperados durante la excavación.

5. Realizar diversas dataciones radiocarbónicas, preferentemente en muestras de vida corta (semillas o huesos de animales), que complementen y refuercen las dataciones relativas realizadas a partir de la cultura material.

6. Reforzar y completar el conocimiento sobre las fases antiguas de Ceuta a partir del estudio de un yacimiento que, a diferencia del primero, no fue alterado por urbanizaciones posteriores. Se trata de un período muy mal conocido en la zona, cuya arquitectura de tradición local solo se ha documentado hasta el momento en Ceuta y en Kach Kouch. Un objetivo específico de este proyecto consiste en aportar nuevos datos para el conocimiento de la Prehistoria Reciente y el Período Mauritano 1 en la orilla africana del Estrecho, que permitan realizar nuevas lecturas sobre el período que superen el binarismo fenicio/indígena, colonizador/colonizado propio de la arqueología histórica-cultural, haciendo hincapié en la existencia de prácticas culturales propias de espacios coloniales complejos.

7. Contribuir a la formación en metodología arqueológica de estudiantes de grado, máster y doctorado tanto marroquíes como españoles y a la cooperación de los jóvenes investigadores de ambos países.

METODOLOGÍA

Figura 3. Detalles de la metodología empleada en la excavación y el laboratorio

A diferencia de la campaña del 2021 en la que se excavaron en dos partes distintas de la colina (sondeos 1 y 2), durante la campaña de 2022 la intervención se concentró en un solo punto del yacimiento, en la zona alta, en la continuación hacía el noreste del sondeo 1. La nueva área de excavación, denominada sondeo 3 (figura 2), ha permitido comprender mejor la naturaleza de la ocupación en esta zona del asentamiento y extender, hasta el límite natural de la colina, la superficie excavada. La técnica y metodología de excavación se ha basado en la excavación por unidades estratigráficas, de la más reciente a la más antigua, empleando para ello medios manuales. El sedimento excavado, no recogido para muestreo, ha sido cribado con la ayuda de un tamiz de 5 mm de luz. Todo el material recuperado es embolsado y transportado al laboratorio.

La recogida de muestras para flotación se ha realizado de manera sistemática, respetando las diferentes unidades estratigráficas y marcando mediante GPS diferencial el punto de extracción de cada muestra. Siempre que ha sido posible, se ha recogido un mínimo de 20 L de sedimento, aunque en el caso de las unidades estratigráficas negativas (rellenos de agujeros de poste y silos), se ha recogido todo el sedimento.

Las unidades estratigráficas excavadas fueron también muestreadas con el objetivo de realizar análisis por Fluorescencia de Rayos X. La recogida de muestras se ha realizado empleando para ello material previamente desinfectado con alcohol puro y extrayendo una cantidad en torno a los 10 gr. de sedimento por muestra.

En casos especiales se han extraído muestras para micromorfología, consolidándolas mediante yeso y gasa que se deja secar hasta que se pueda extraer toda la muestra en forma de bloque (figura 3B). Este bloque es enviado íntegramente al laboratorio donde posteriormente es tratado para la extracción de láminas delgadas.

La excavación de las sepulturas de época medieval ha seguido un procedimiento especial, ya que se trata de contextos arqueológicos que son por lo general más delicados. Su excavación ha requerido el uso de herramientas de excavación más finas y un protocolo de muestreo sistemático como el empleo de guantes de látex y bolsas con cierre hermético para la manipulación de los restos humanos (figura 6).

El registro escrito se ha realizado a partir de un modelo preestablecido denominado ficha de unidad estratigráfica. A cada unidad estratigráfica le corresponde una ficha que incluye 5 bloques de colecta de datos: gestión de la unidad, descripción, medidas, relaciones físicas y cronológicas en relación con las unidades vecinas y bloque reservado a las interpretaciones y las observaciones. El registro de las sepulturas incluye además una ficha específica de registro bioantropológico que se termina de completar en el laboratorio y que tiene en cuenta la representación visual de los distintos huesos conservados en cada sepultura.

El registro planimétrico de la excavación ha sido realizado empleando las técnicas de representación espacial y tridimensional conocidas como SfM (Structure from Motion), que consisten en la toma sistemática de imágenes con cámara réflex o drone para realizar posteriormente una reconstitución 3D mediante software fotogramétrico. Para la correcta georreferenciación de estos modelos fotogramétricos se ha empleado la estación total y el GPS diferencial (figura 3A). La ventaja de esta técnica es que permite obtener productos finales digitalizados y georreferenciados con buena resolución espacial, lo que ha supuesto globalmente un importante ahorro de tiempo tanto en la toma de datos en campo como en el posterior procesamiento de estos.

El registro fotográfico se ha realizado con cámaras réflex y drones. Se han fotografiado tanto vistas generales como de detalle del estado inicial del terreno, de todas las superficies de los estratos identificados a lo largo del proceso de excavación, de todas las unidades estratigráficas negativas y las superficies de corte, del desarrollo de los trabajos y del proceso de excavación. Una vez terminada la excavación, se ha realizado una cobertura exhaustiva final, buscando la mayor cantidad y variedad de ángulos posibles.

Los artefactos (cerámica, lítica, metales) y restos de fauna recuperados en las unidades estratigráficas de acumulación (es decir los contextos no relacionados con los rellenos de las estructuras negativas) han sido marcados con un punto sobre el terreno, empleando para ello el GPS. De esta manera una vez procesados los hallazgos se podrán elaborar mapas de calor que permitan interpretar mejor la distribución espacial de los objetos y, por ende, de las actividades llevadas a cabo en las distintas partes del yacimiento.

El material recogido en el terreno es embolsado y transportado al laboratorio, donde es posteriormente tratado acorde al tipo de material. En el caso de la cerámica, esta es lavada, secada, remontada y posteriormente siglada con un rotulador permanente aplicando previamente una capa de laca de uñas. Tras este proceso, la cerámica está lista para ser introducida en una base de datos y dibujada, si se trata de un borde u otra forma dibujable. La industria lítica tallada es lavada con agua sin cepillo, embolsada y marcada con número de inventario al exterior de la bolsa, aplicando una capa de adhesivo para proteger la sigla. De esta manera se evita dañar la pieza para posteriores análisis traceológicos. Todos los restos de cultura material son introducidos, siguiendo un modelo de ficha predefinido, en una base de datos. Los restos de fauna siguen el mismo tratamiento que la cerámica, pero son posteriormente introducidos en una base de datos específica que, siguiendo la misma dinámica descrita anteriormente, permite registrar cada fragmento en base a criterios distintos de los empleados para los artefactos.

Los restos humanos recuperados no son lavados con agua y solamente algunas zonas concretas se cepillan cuidadosamente con un cepillo suave. Estos restos, no obstante, sí son marcados siguiendo el mismo procedimiento que para la fauna y la cerámica. Posteriormente son introducidos en una base de datos, empleando para ello una serie de códigos específicos que permiten realizar análisis estadísticos y poblacionales.

El sedimento para flotación es recogido en campo con unos cubos con marcas volumétricas que permiten medir el número de litros e introducir el sedimento en sacos. Estos sacos son transportados hasta el laboratorio donde, con la ayuda de una máquina de flotación, se emplea agua para separar la tierra de los restos orgánicos como semillas y carbones, que debido a su peso ligero flotan y son recogidos en una maya de 0.25mm de luz (figura 3C). El sedimento restante suele contener artefactos y restos de fauna que por su mayor peso no flota. Por tanto, una vez seco el sedimento, este se revisa sistemáticamente de forma manual, separando los restos de cultura material y las posibles semillas y carbones que por tener sedimento adherido o por otras razones no pudieron flotar.

FASES DE OCUPACIÓN
DEL SONDEO 3 Y RESULTADOS

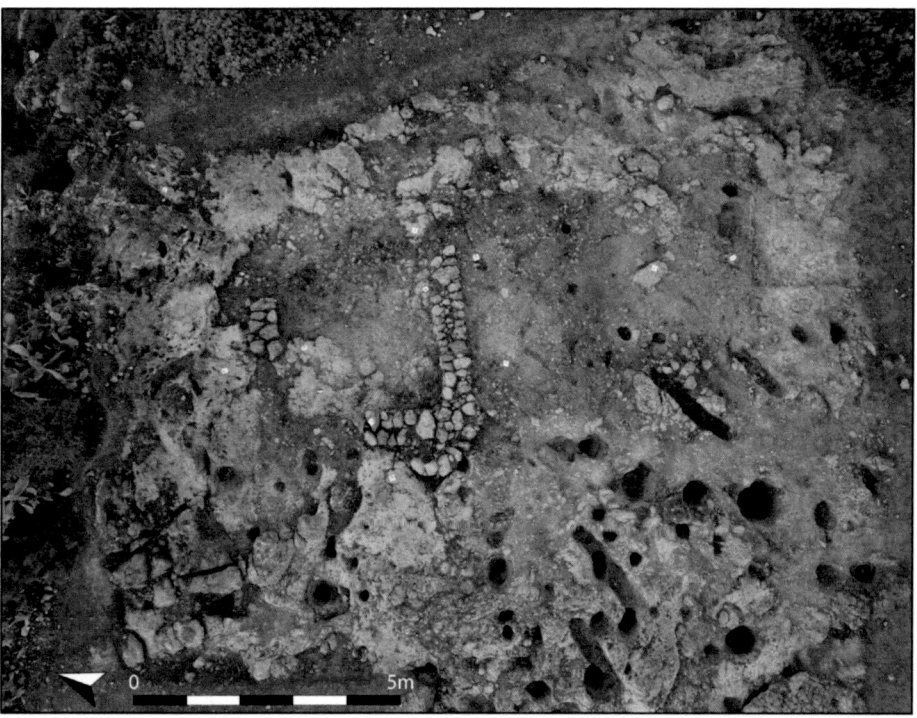

Figura 4. Imagen del sondeo 3 tomada con drone

Las excavaciones de la campaña de 2022 comenzaron el día 16 de mayo y continuaron hasta el día 2 de julio, consiguiéndose agotar la estratigrafía en toda la superficie del sondeo. Las diversas estructuras y unidades estratigráficas documentadas demuestran la importancia de esta zona del yacimiento para la comprensión de sus diferentes fases de ocupación. El sondeo se realizó en un espacio situado en la parte noreste del asentamiento, delimitado en su zona sur por el sondeo B del año 1992 (figura 2). Se trata de un área de excavación con una superficie en torno a los 143 m², lo que representa aproximadamente un 5% de la superficie total estimada del asentamiento. Esta zona se ha seleccionado por dos motivos; el primero está en relación con los resultados obtenidos en el año 1992, que indicaban la existencia de una estructura de combustión en el mencionado sondeo B (Bokbot y Onrubia, 1995); en segundo lugar, la posibilidad de agotar toda la superficie existente entre dicho sondeo y el límite norte del asentamiento, representado por un abrupto acantilado que impide el acceso por esta ladera.

La intervención se inicia con la reapertura del sondeo B de la campaña de 1992, estableciéndose el límite norte de este sondeo como límite sur del nuevo sondeo 3. Por tanto, el sondeo 3 queda delimitado de la siguiente manera: en su lado norte, por el escarpe de la plataforma; en el sur, por el sondeo B de 1992; en el oeste, por el sondeo 1 de 2021 y en el este, por el inicio del desnivel de la ladera (figura 2 y figura 4). El decapado del estrato superficial de tierra marrón que cubre al sondeo 3 está compuesto de diverso material arqueológico, especialmente cerámica, mezclado con elementos modernos como plásticos y vidrios. La potencia de esta unidad estratigráfica es variable ya que en la zona norte y oeste del sondeo se comprobó cómo a los pocos centímetros se alcanzaba el nivel geológico de roca caliza. En la zona este, la existencia de un importante desnivel en relación con la topografía de la colina permitió la acumulación de mayor cantidad de sedimento con una potencia variable entre los 60 y 80 cm. El análisis de esta unidad superficial, especialmente en la zona este, ha permitido documentar un breve episodio de ocupación relacionado con la Guerra del Rif de la que hablaremos más adelante. Una vez eliminada la capa superficial en toda la superficie del sondeo 3, se procede a excavar las sepulturas islámicas de época medieval que se distribuyen de manera irregular a lo largo del sondeo. Algunas de estas sepulturas, ya habían sido parcialmente exhumadas en 1992 no pudiendo completarse su exhumación por hallarse parte de los restos de aquellas sepulturas bajo los perfiles del área de excavación entonces delimitada; es decir, dentro de la superficie del nuevo sondeo 3.

Una vez documentados y excavados todos los contextos de época contemporánea y medieval, se continuó con la excavación de las fases mauritana y prehistórica. La estrategia de excavación para los periodos antiguos ha sido adaptada a la diversa naturaleza de los contextos documentados. Por ejemplo, en la mitad oeste del sondeo, el afloramiento del sustrato geológico calcáreo, localizado a pocos centímetros de la superficie ha impedido conocer la sucesión de estratos y de ocupaciones. En este espacio se han documentado una serie de recortes realizados sobre el substrato que posiblemente funcionaron como agujeros de poste y silos. La ausencia de relaciones estratigráficas entre los distintos hoyos ha dificultado su correcta adscripción cronológica, que deberá realizarse sobre la base de un detallado estudio de la cultura material o, en su defecto, a partir de una batería de dataciones radiocarbónicas. En la zona central del sondeo se han excavado una serie de estratos positivos y negativos asociados a varias estructuras de habitación construidas entre finales del segundo e inicios del primer milenio AEC. Además, en la base de la secuencia estratigráfica, se ha documentado un único estrato, en el cual se han recuperado escasos restos de cultura material, datado a finales del tercer milenio AEC.

Fase contemporánea

Figura 5. Balas y vainas de fusil Mauser de la fase contemporánea

Esta fase de ocupación esporádica de la colina no había sido documentada durante las campañas anteriores. Se trata de un posible episodio relacionado con la batalla de Koba Darsa, librada en la zona durante los primeros días del mes de julio de 1924. La colina de Kach Kouch se encuentra a mitad de camino entre las posiciones de Tisgarin y Koba Darsa. Justamente los hallazgos relacionados con este período se concentran en la parte este del sondeo 3, una zona desde la que se divisa y controla el camino que llevaba desde el poblado de Oued Laou a Koba

Darsa, pasando por Tisgarin, evitando de esta manera tener que cruzar el río Laou. Posiblemente, la posición de Kach Kouch, que parece de carácter temporal y estar asociada a un pequeño episodio concreto vinculado con esta acción militar, debió estar relacionada con el control de la carretera. Proponemos que debió ser una posición usada por el ejército rifeño para impedir el avance de las tropas españolas que desde Oued Laou y Tisgarin intentaban socorrer la asediada posición de Koba Darsa. El material relacionado con este episodio de la Guerra del Rif está compuesto por balas, vainas y peines de fusil Mauser (figura 5), así como por restos de latas de conservas y vidrios. En este sentido, destaca el hecho de que gran parte de la munición es de fabricación española, procedente de la Fábrica de Pirotecnia de Sevilla y todas ellas con fecha anterior al año 1924.

Fase medieval

Figura 6. Detalle de la excavación de una sepultura medieval

La fase medieval en el sondeo 3 está representada por nueve sepulturas, de las cuales dos ya habían sido parcialmente excavadas durante la campaña de 1992 y una durante la campaña de 2021. Esto eleva a 35 el total de sepulturas documentadas hasta la fecha en el yacimiento. Las sepulturas se distribuyen en la esquina sudoeste del sondeo, estableciéndose un claro límite entre esta zona, ocupada por las sepulturas y el resto del sondeo, en el que no se ha documentado ninguna. Consideramos verosímil que el área central de la necrópolis se encontrase en la zona ocupada por el sondeo 1 ya que es en esta área, de apenas 80 m², donde se concentran la mayoría de las inhumaciones. Hay que destacar el hecho que tanto en superficie como en los sondeos realizados no se haya documentado, hasta la fecha, ningún elemento de cultura material coetáneo con el período de uso del cementerio islámico. No nos referimos a elementos de ajuar ya que, como es bien sabido, las tumbas islámicas no suelen contener este tipo de elementos, sino como simple testimonio de la frecuentación de la necrópolis durante el momento de su funcionamiento. Esto es especialmente extraño, si tenemos en cuenta que la presencia en superficie de fragmentos de cerámica suele ser frecuente en los numerosos cementerios medievales y modernos de la región.

El rito de inhumación es constante en todas las sepulturas y consiste en la deposición individual del cadáver en decúbito lateral derecho con los pies apuntando al noreste y cara mirando al sudeste (figura 6). El enterramiento se realiza en una fosa estrecha y alargada excavada directamente sobre el sustrato rocoso o el sedimento. A diferencia de lo señalado en los trabajos de 1992, no hemos podido documentar la presencia de ningún elemento relacionado con el uso de sudarios ni tampoco la existencia de ningún tipo de señalización exterior de las sepulturas, aunque esto puede deberse a la destrucción causada por trabajos agrícolas modernos.

Actualmente están en curso varios análisis sobre estos restos. Nos referimos, en primer lugar, a dataciones radiocarbónicas que permitirán precisar la cronología de esta necrópolis; en segundo lugar, a análisis de isótopos estables y dentina que permitirán conocer aspectos sobre la movilidad y la paleodieta de estas poblaciones y, por último, a análisis de ADN antiguo que podrán ofrecer detalles sobre el parentesco y la procedencia de los individuos que componen la necrópolis.

Fases de la Prehistoria Reciente y del Período Mauritano 1

Comprobada la existencia de al menos tres fases diferenciadas de ocupación en Kach Kouch durante la Prehistoria Reciente y el Período Mauritano 1 (figura 7), se ha propuesto una primera división cronológica que podrá ser ampliada en el futuro a medida que se obtengan nuevos datos:

KK1 (2200-2000 AEC)

Esta primera fase estaría representada por un único estrato compuesto de escasos restos de cultura material, documentado en la base del sondeo 3 (figura 8). La falta de datos sobre este período podría explicarse por tratarse esta de una ocupación esporádica o por haberse destruido sus restos como consecuencia de las subsecuentes fases constructivas y de ocupación documentadas en la colina.

Alternativamente, las evidencias de esta fase de ocupación se encuentran en zonas de la colina que aún no han sido exploradas. Futuras intervenciones en el asentamiento podrán aportar nuevos datos para conocer mejor esta fase que, en la península Iberica, corresponde con la transición Edad del Cobre/Bronce Antiguo.

KK2 (1300-900 AEC)

Tras un aparente hiato en la ocupación, quizá como resultado del abandono de la colina, a partir del año 1300 AEC, la colina de Kach Kouch vuelve a ser ocupada, ya de manera estable, por una comunidad dedicada principalmente a la agricultura y a la ganadería. Esta comunidad, que a juzgar por el tamaño del asentamiento no debió superar varias decenas de personas, construye estructuras de habitación de planta circular o elíptica empleando la técnica del bahareque, caracterizada por postes de madera unidos por un entramado ligero de cañas y ramas que se revocan con una mezcla de arcilla y restos vegetales. Esta fase de ocupación es coetánea con el Bronce Final, caracterizada en la península Ibérica por una mayor dispersión del poblamiento y una disminución del tamaño de los asentamientos, en comparación con las fases anteriores y posteriores (Iacono et al., 2022: 401-402).

KK3 (c. 800-600 AEC)

La última fase de ocupación estable en la colina de Kach Kouch, se caracteriza por la continuidad en los modos de vida, la cultura material, la arquitectura y la economía del asentamiento. Es posible que la transición entre esta fase y la anterior se produjese de manera continuada, ya que no existen evidencias claras de abandono y además parece existir continuidad con la fase precedente. No obstante, la presencia de cerámica a torno de tradición fenicia, aunque siempre en cantidades significativamente menores que la cerámica a mano, así como la introducción de nuevas especies vegetales domésticas y la incorporación de nuevas tradiciones arquitectónicas permiten intuir la existencia de procesos coloniales marcados por la integración, el rechazo y la hibridación de prácticas culturales por parte de la comunidad que ocupaba la colina de Kach Kouch. El abandono aparentemente pacífico del asentamiento en torno al año 600 AEC, sugiere que dicho abandono podría haber estado condicionado por cambios producidos en el seno de las comunidades locales, generadas por tensiones derivadas de la nueva situación colonial. En este sentido, la fundación de nuevos asentamientos costeros en esta misma época pudo haber influido en la pérdida de relevancia de Kach Kouch, motivando su abandono y, potencialmente, el traslado de sus habitantes a otros asentamientos localizados en la costa o en los valles interiores del río Laou.

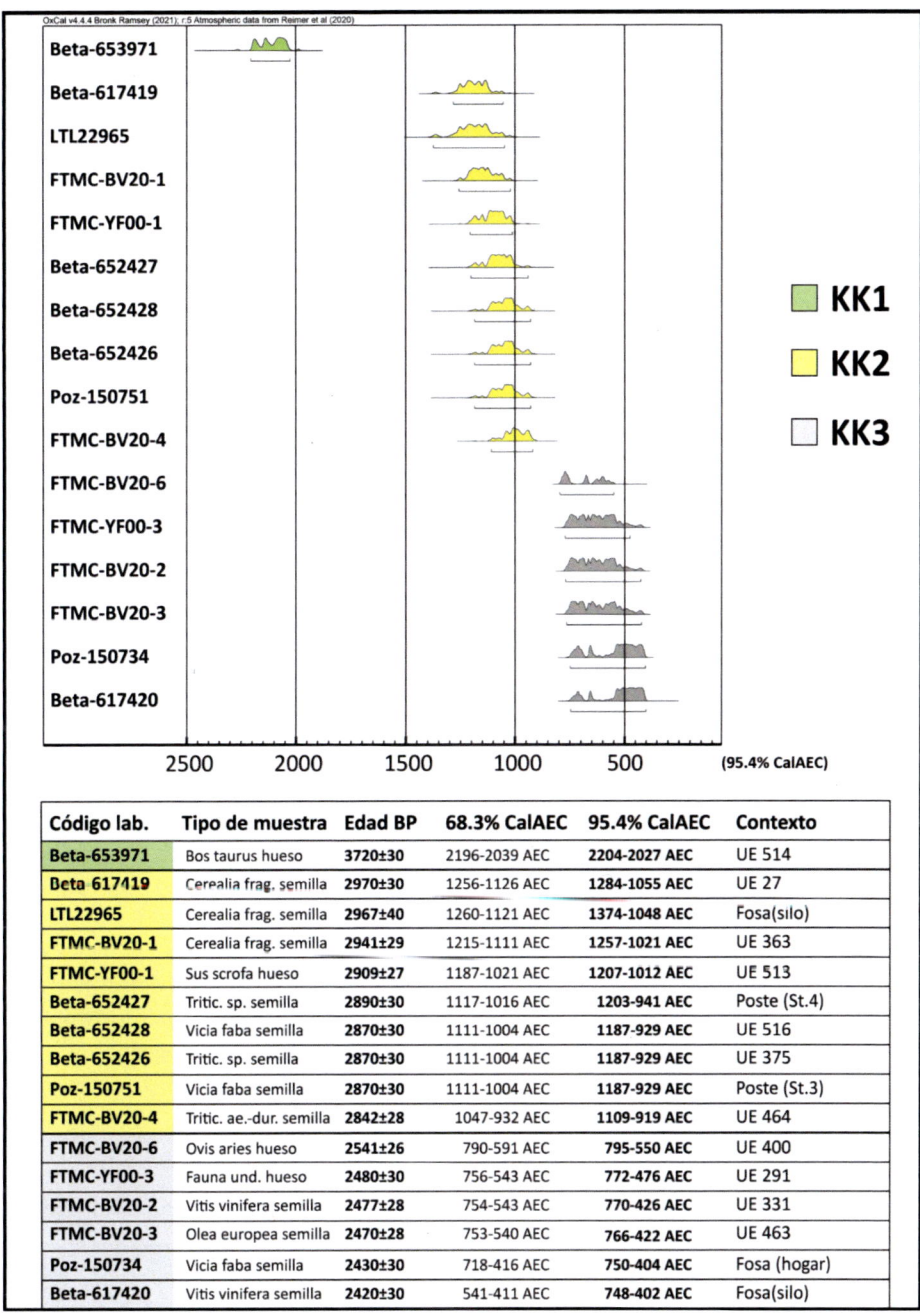

Figura 7. Secuencia radiocarbónica del yacimiento de Kach Kouch (Benattia et al., en prensa)

Código lab.	Tipo de muestra	Edad BP	68.3% CalAEC	95.4% CalAEC	Contexto
Beta-653971	Bos taurus hueso	3720±30	2196-2039 AEC	2204-2027 AEC	UE 514
Beta 617419	Cerealia frag. semilla	2970±30	1256-1126 AEC	1284-1055 AEC	UE 27
LTL22965	Cerealia frag. semilla	2967±40	1260-1121 AEC	1374-1048 AEC	Fosa(silo)
FTMC-BV20-1	Cerealia frag. semilla	2941±29	1215-1111 AEC	1257-1021 AEC	UE 363
FTMC-YF00-1	Sus scrofa hueso	2909±27	1187-1021 AEC	1207-1012 AEC	UE 513
Beta-652427	Tritic. sp. semilla	2890±30	1117-1016 AEC	1203-941 AEC	Poste (St.4)
Beta-652428	Vicia faba semilla	2870±30	1111-1004 AEC	1187-929 AEC	UE 516
Beta-652426	Tritic. sp. semilla	2870±30	1111-1004 AEC	1187-929 AEC	UE 375
Poz-150751	Vicia faba semilla	2870±30	1111-1004 AEC	1187-929 AEC	Poste (St.3)
FTMC-BV20-4	Tritic. ae.-dur. semilla	2842±28	1047-932 AEC	1109-919 AEC	UE 464
FTMC-BV20-6	Ovis aries hueso	2541±26	790-591 AEC	795-550 AEC	UE 400
FTMC-YF00-3	Fauna und. hueso	2480±30	756-543 AEC	772-476 AEC	UE 291
FTMC-BV20-2	Vitis vinifera semilla	2477±28	754-543 AEC	770-426 AEC	UE 331
FTMC-BV20-3	Olea europea semilla	2470±28	753-540 AEC	766-422 AEC	UE 463
Poz-150734	Vicia faba semilla	2430±30	718-416 AEC	750-404 AEC	Fosa (hogar)
Beta-617420	Vitis vinifera semilla	2420±30	541-411 AEC	748-402 AEC	Fosa(silo)

La ocupación del asentamiento de Kach Kouch, fechada aproximadamente entre el 2200 y el 600 AEC, está representada en el sondeo 3 por una serie de estratos de acumulación, así como por estructuras negativas interpretadas como agujeros de poste y silos, que cortan mayoritariamente el sustrato geológico de roca caliza y en algunos casos también unidades estratigráficas anteriores (figura 8). De más reciente a más antiguo, el resultado más relevante de la campaña de 2022 ha sido el hallazgo de dos estructuras de habitación. La primera estructura es de tendencia circular (estructura 2, figura 8), construida con la técnica del bahareque, caracterizada por postes de madera unidos por un entramado ligero de cañas y ramas que se revocan con una mezcla de arcilla y restos vegetales. La segunda es de planta cuadrada o rectangular, construida con zócalo de piedra y alzado en barro, postes de madera y entramado ligero de cañizo (estructura 1, figura 8). Ambas estructuras estuvieron en uso durante el primer milenio AEC, extremo confirmado por la presencia de cerámicas a torno de tradición fenicia occidental en los estratos asociados a su ocupación. A falta de relación estratigráfica entre ambas y de un estudio más detallado de la cultura material recuperada, es difícil asegurar la coetaneidad o las relaciones de anterioridad y posterioridad de una estructura sobre la otra, si bien el lapso de tiempo transcurrido entre la ocupación de ambas estructuras no parece haber sido muy amplio. Las dataciones realizadas en muestras de vida corta recuperadas en ambas estructuras están afectadas por el error de calibración producido por la meseta de Hallstatt, lo que impide afinar la datación. Significativamente, estructuras similares, con una cronología entre finales del siglo VIII el VII AEC, fueron documentadas en el asentamiento de Ceuta (Villada Paredes et al., 2010), sugiriendo analogías en la practicas arquitectónicas de ambos asentamientos.

Una vez excavadas las estructuras del primer milenio AEC, se comprobó que bajo estas existía al menos una estructura anterior (estructura 4, figura 8), representada por agujeros de poste y varias unidades estratigráficas con abundante material, si bien a diferencia de los estratos superiores, no contenían cerámica a torno. Varias dataciones radiocarbónicas sobre muestras de vida corta sitúan la ocupación de la estructura 4 entre el último cuarto del segundo milenio y el primer siglo del primer milenio AEC, por tanto, coetánea con la estructura 3 documentada durante la campaña de 2021 (figura 8).

Finalmente, en la base de la secuencia estratigráfica situada bajo uno de los muros en piedra de la estructura 1 (figura 8), se ha documentado un único estrato de escasa potencia, probablemente como resultado de la erosión provocada por la sucesión de fases constructivas en el asentamiento. En dicha unidad se han recuperado escasos restos de cultura material, notablemente tres fragmentos amorfos de cerámica a mano, una lasca en sílex y un metacarpiano de bóvido. Este último,

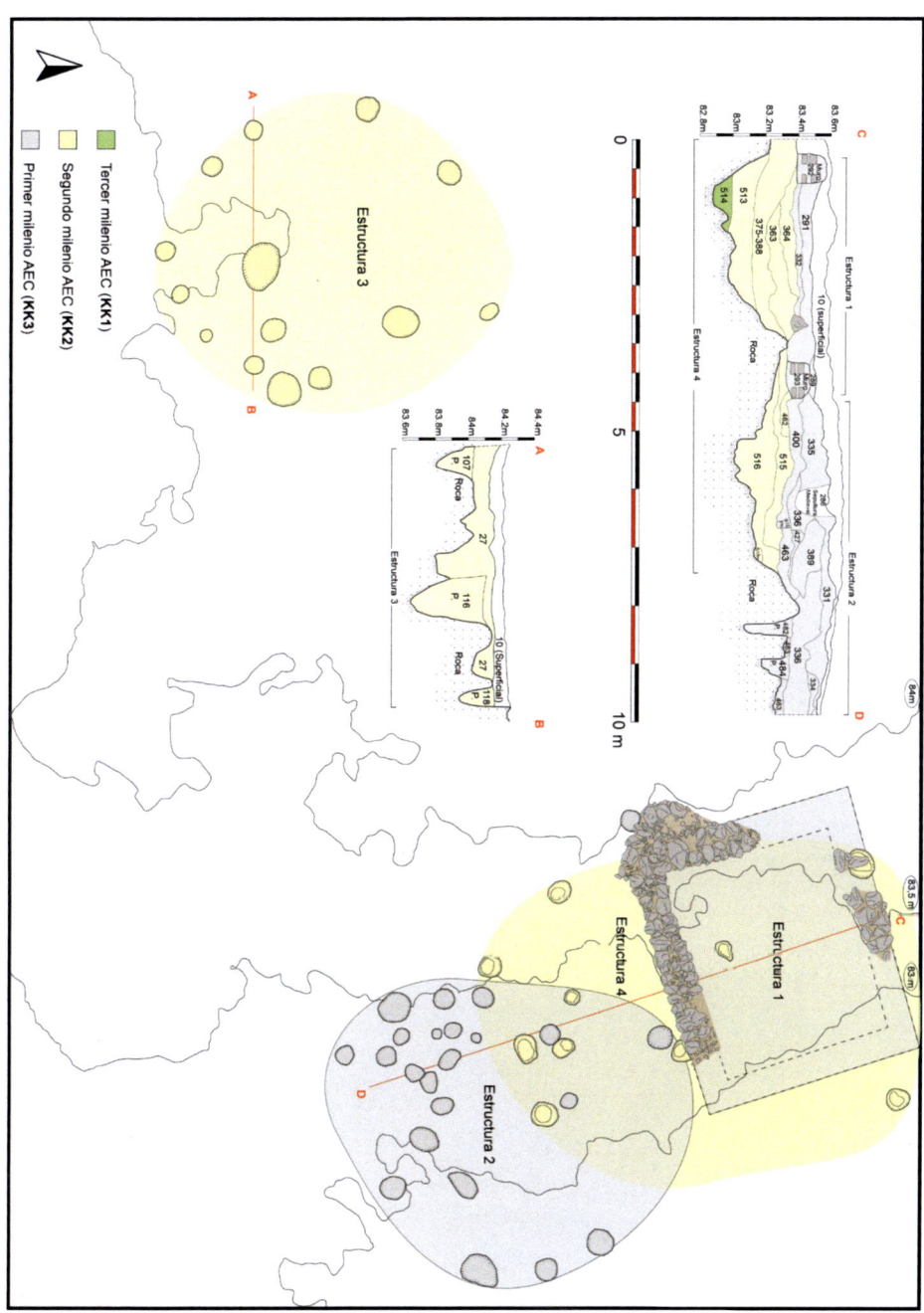

Figura 8. Planta y alzados de las estructuras documentadas en los sondeos 1 y 3 (Benattia et al., en prensa)

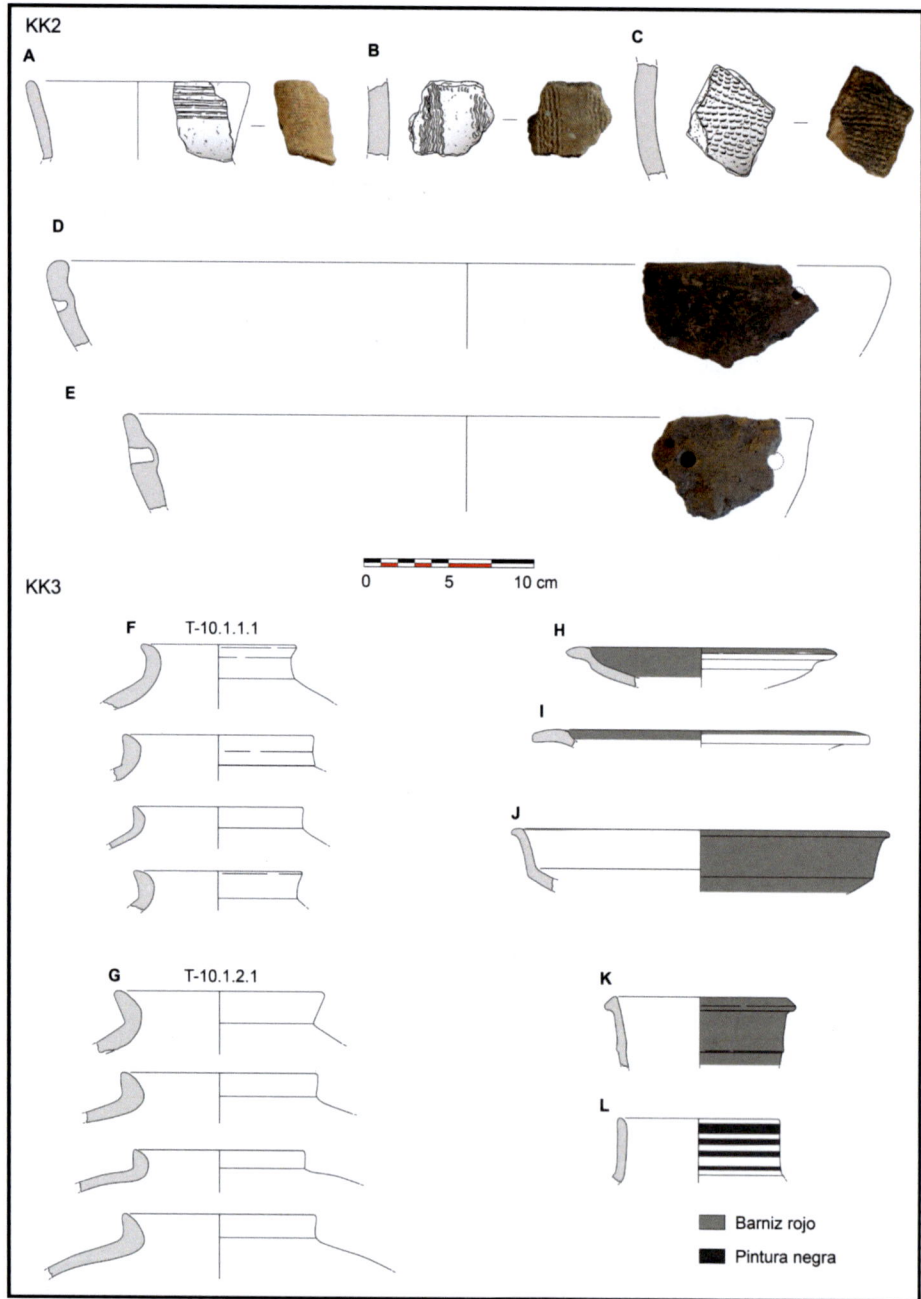

Figura 9. Cerámica a mano y a torno de Kach Kouch. (Benattia et al., en prensa).
Autores: Pau Menéndez Molist y Hamza Benattia

analizado mediante radiocarbono, ha ofrecido una fecha calibrada a dos sigmas entre 2204-2027 AEC (Beta-653971: 3720 ± 30BP).

Correspondiente con las fases KK2 y KK3, se ha podido recoger una gran cantidad de artefactos, restos de fauna y restos macrobotánicos. Entre los primeros destacan algunos elementos metálicos (Benattia et al., en prensa) y un importante volumen de cerámica, mayoritariamente a mano (incluyendo cerámica decorada del segundo milenio, figura 9A-E) y algunos fragmentos a torno, correspondientes estos últimos con formas específicas del componente vascular fenicio occidental destacando escasos fragmentos de platos de engobe rojo (figura 9H-I), copas carenadas (figura 9J), jarras tipo *pithoi* (figura 9K), urnas tipo cruz del negro (figura 9L) y un mayor número de ánforas T-10.1.1.1 (figura 9F) y T-10.1.2.1 (figura 9G). La siguiente fase de este proyecto tiene como objetivo el estudio detallado de este importante conjunto de cerámica y la elaboración de una tipología empleando la existente para Ceuta, de manera que la cerámica a mano de ambos yacimientos quede unificada bajo una misma tipología.

Entre los artefactos recuperados destaca también una abundante industria lítica compuesta, por un lado, por elementos macrolíticos representados por molinos de vaivén y moletas y, por otro lado, por industria lítica tallada. De esta última destaca el empleo casi exclusivo del sílex como materia prima, así como la abundante presencia de lascas retocadas, entre las que destaca un posible raspador (figura 10E), junto con algunas láminas (figura 10C), truncaduras (figura 10D-F) y denticulados-elementos de hoz (figura 10A-B). Estos últimos útiles, junto con los molinos, ponen de relieve la importancia de las actividades agrícolas en la economía del asentamiento. La relevancia de la industria lítica tallada permite reforzar los resultados obtenidos en el asentamiento de Ceuta donde también fueron documentados diversos elementos de industria lítica (Ramos Muñoz et al., 2010), confirmando así la importancia de estos elementos de cultura material en las actividades económicas y domésticas de las comunidades del Bronce Final del noroeste de África. Los diversos estudios traceológicos y tecnotipológicos en marcha, permitirán comprender mejor las diversas actividades económicas y domésticas desarrolladas en el asentamiento.

Otro de los artefactos documentados en una cantidad nada desdeñable son los punzones elaborados sobre hueso. Se trata de elementos relacionados posible-mente con el trabajo del cuero que demuestran la importancia de esta actividad en el yacimiento. En este sentido hay que reseñar que durante las campañas de 2021 y 2022 se ha recuperado una importante cantidad de restos de fauna, entre los que destacan las especies domésticas como los ovicaprinos, bóvidos, suidos y équidos (Benattia et al., en prensa).

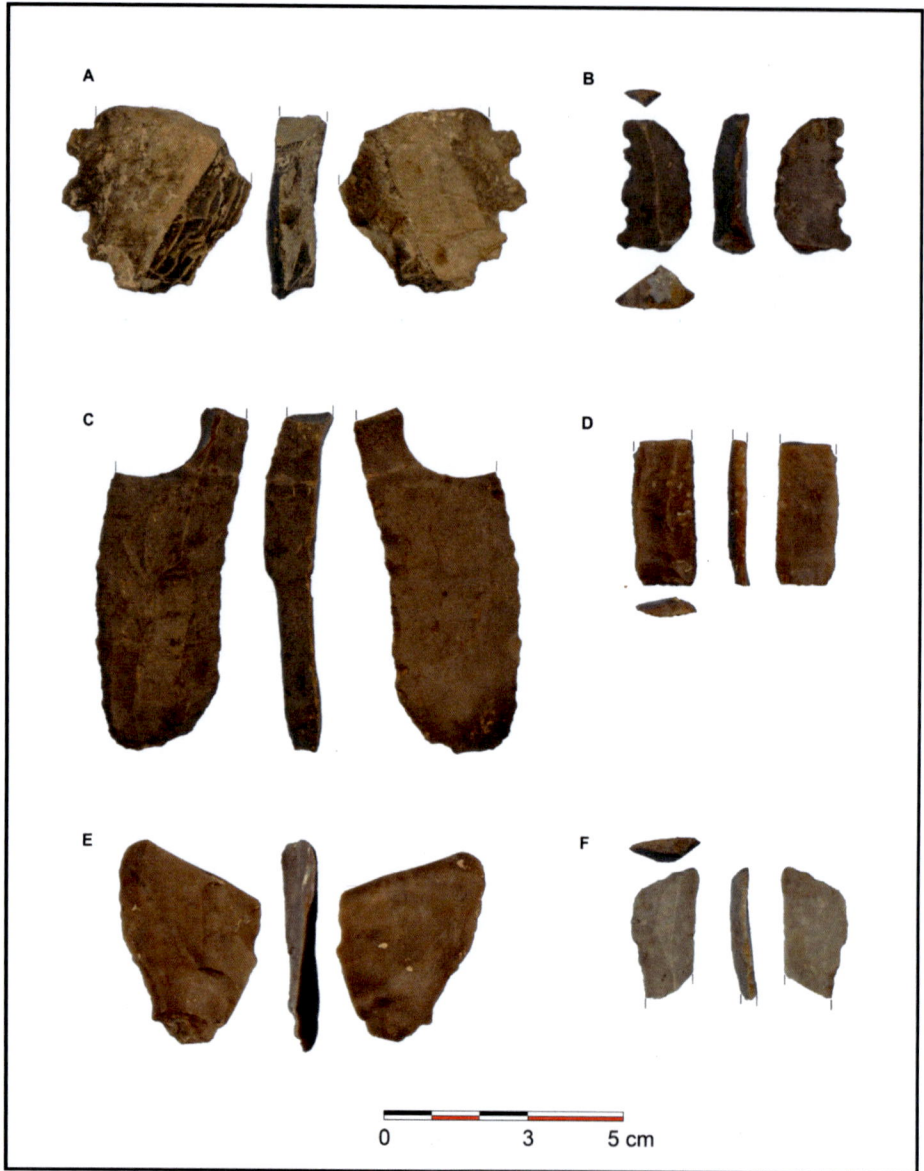

Figura 10. Industria lítica tallada de Kach Kouch (Benattia et al., en prensa). Autora: Lorena Lombardi.

La flotación de una gran parte del sedimento excavado ha permitido recuperar una importante cantidad de restos macrobotánicos. Se trata de semillas de diversas especies domésticas y silvestres, entre las cuales destacan el trigo, las leguminosas y, durante la última fase de ocupación, algunos frutales (Benattia et al., en prensa). También se ha recuperado un elevado número de restos antracológicos, algunos procedentes de los postes carbonizados que servían para sujetar la techumbre de una de las estructuras localizadas en el sondeo 3. El análisis detallado de estos restos permitirá conocer detalles sobre las técnicas constructivas y las actividades económicas llevadas a cabo en el asentamiento de Kach Kouch y a un nivel más amplio permitirá recomponer el paleopaisaje del río Laou entre finales del segundo e inicios del primer milenio AEC.

CONCLUSIONES Y PERSPECTIVAS DE FUTURO

Las dos campañas de excavaciones arqueológicas desarrolladas en Kach Kouch en 2021 y 2022 han permitido avanzar sustancialmente en el estudio de este asentamiento y, por ende, profundizar en el conocimiento de las comunidades del Bronce Final en la orilla africana del Estrecho. El volumen de materiales y restos arqueobiológicos recuperados es considerable y de su estudio detallado será posible extraer datos relevantes relacionados con el paleopaisaje, las formas de vida y la organización social y económica de estas comunidades. Con los datos actuales, el inicio de la ocupación en Kach Kouch se fecha en torno al año 2200 AEC, inicialmente de manera quizá esporádica, pero a partir del 1300 AEC de forma estable. Esto implica que la elección del emplazamiento no estuvo condicionada por la llegada de marinos fenicios a inicios del primer milenio como se había planteado. Es más verosímil suponer que la ocupación de la colina se realizó con el doble objetivo de controlar la importante ruta que desde la costa da acceso a las zonas interiores a través del valle del río Laou y de explotar los recursos agrícolas y ganaderos que proporcionaba la fértil desembocadura del río. En este sentido, los numerosos silos y molinos documentados en Kach Kouch sugieren la producción y almacenaje de un excedente agrícola. La posición estratégica que ocupa el asentamiento de Kach Kouch, controlando el acceso desde el Mediterráneo a los valles interiores del Rif Occidental, y a través de ellos al Atlántico, pudo situarlo en una posición ventajosa como centro de intercambio y redistribución de bienes y productos. Planteamos la posibilidad de que la nueva situación colonial, derivada de las relaciones durante el primer milenio AEC entre los habitantes de Kach Kouch, las comunidades del interior y los fenicios, pudiera fomentar la aparición de tensiones que redefiniesen las relaciones económicas, de rango y de género en el seno de la comunidad. Este incipiente proceso de complejidad política, social y económica podría ser la causa de una importante reordenación y jerarquización territorial y proto-urbana que experimenta la región durante el siglo VI AEC (Bridoux, Kbiri, Kermorvant, 2009; El Khayari y Akerraz, 2012; Raissouni et al., 2016), que se materializará en la fundación –a lo largo de ese siglo– de numerosos asentamientos como Emsá, Sidi Abdeselam del Behar, Kitane, Dhar Aseqfane o Kouass. El abandono de Kach Kouch a finales del VII AEC puede estar relacionado con la ruptura o transformación de las redes de intercambio y redistribución de la fase anterior. Es también durante el siglo V AEC cuando se realiza la construcción de una importante muralla (Kbiri Alaoui, 2012) en el asentamiento de Sidi Driss (Alhucemas), lo que parece reforzar la hipótesis de una nueva realidad en la región, en la que quizá los conflictos entre comunidades y las tensiones entre grupos sociales son cada vez más frecuentes.

La cultura material del primer milenio AEC de Kach Kouch presenta ciertas características propias de espacios coloniales complejos, en los que la presencia o ausencia de ciertos elementos de cultura material de tradición fenicia no debe ser interpretado como fruto de la casualidad si no que obedecen a una realidad colonial en la que la compleja identidad de sus agentes es afirmada, negada o reformulada a través de la aceptación, el rechazo y la hibridación de los distintos elementos. Sugerentemente, varias de las ánforas recuperadas en Kach Kouch presentan marcas de reparación y su boca recortada y pulida (Bokbot y Onrubia, 1995), lo que sugiere su reutilización sistemática en otro tipo de actividades distintas para las que habían sido fabricadas originalmente, en un contexto distinto al de su lugar de fabricación y, en definitiva, con un significado distinto al original. Este tipo de prácticas son comunes en espacios coloniales complejos y evidencian la existencia de profundos mecanismos de apropiación, resignificación e hibridación de objetos, ideas y prácticas. Prácticas similares se manifiestan en las cerámicas a mano que imitan formas vasculares de tradición fenicia como las documentadas en Lixus (Aranegui et al., 2011) y en Ceuta (Villada Paredes et al., 2010).

Los datos reunidos durante las distintas campañas de excavación realizadas en el asentamiento de Kach Kouch, sirven para confirmar en gran parte lo que ya se había propuesto para Ceuta. Comunidades con tradiciones culturales y económicas locales, establecen a partir del siglo VIII una serie de relaciones con individuos o comunidades de origen o tradición fenicia, probablemente asentadas en los distintos núcleos de la costa malagueña, de la Bahía de Cádiz y de Lixus. Como resultado de estas relaciones, surgen en la orilla africana del Estrecho nuevas formas urbanísticas y arquitectónicas, caracterizadas por construcciones de planta cuadrada o rectangular y zócalos de piedra. Esta tradición edilicia, cuyo origen ha de situarse en el Mediterráneo oriental, se consolidará durante el siglo VI AEC con la fundación de numerosos asentamientos, algunos de ellos de carácter urbano o protourbano, tanto en zonas costeras como en el interior.

En definitiva y tal y como aconteció en buena parte de la cuenca mediterránea en ese mismo momento, la transformaciones sociales, económicas y culturales de estas comunidades locales como resultado de dinámicas internas y de otras derivadas del contacto con otras sociedades del Mediterráneo, condujeron en el norte de África a la formación de organizaciones sociales y políticas complejas. Estos procesos de diferenciación social se saldaron aquí con la aparición, durante la segunda mitad del primer milenio AEC, de entidades sociopolíticas fuertemente centralizadas que, a través del filtro colonial, las fuentes textuales, epigráficas y monetarias identifican invariablemente como "monarquías".

El completo abandono de Kach Kouch a finales del siglo VII AEC debe ser entendido dentro de las dinámicas de poblamiento del valle del río Laou. Procesos que deberán ser estudiados a través de prospecciones extensivas tanto en el propio Oued Laou como en otros valles adyacentes como el de Kaa Asras, Targha y especialmente Stehat. Por tanto, como objetivos prioritarios en el corto y medio plazo, consideramos imprescindible iniciar una serie de prospecciones extensivas que permitan conocer la ocupación humana entre el tercero e inicios del primer milenio AEC en la región. A su vez, se pretende realizar a medio plazo, una campaña de estudio de materiales que permita el análisis en detalle de los restos recuperados en Kach Kouch. En particular, el estudio de la abundante cerámica recuperada, partiendo de la tipología creada para el asentamiento de Ceuta, permitirá ampliar, uniformizar y afianzar esta tipología convirtiéndola en referencia obligada para el estudio de la cultura material del Bronce Final en el ámbito del Estrecho.

BIBLIOGRAFÍA

Akerraz, A., Cressier, P., El-Hajraoui, M. A., Pintado, J. O., Touri, A., y Vismara, C., 2020a. "Recherches archéologiques dans les Jbala-Ghomara et le Rif (Maroc du Nord): contacts, échanges et collaborations internationales de la Préhistoire à l'Islam médiéval et moderne". *Bulletin d'Archéologie Marocaine*, 25, pp.207-245.

Akerraz, A., El Khayari, A., Es-Sadra, L., Palumbo, G., 2020b. "Chapitre 4. Les périodes antiques". En: A. Akerraz, G- palumbo (eds). *Archéologie de la Péninsule Tingitane: contribution à la carte archéologique du Maroc*. VESAM (Villes et Sites Archéologiques du Maroc) 8, Rabat. Pp. 71-88.

Aranegui, C., (ed.), 2005. *Lixus-2 Ladera Sur. Excavaciones arqueológicas marrocoespañolas en la colonia fenicia. Campañas 2000-2003.* Saguntum. Papeles del Laboratorio de Arqueología de Valencia. Extra, 6. Valencia. 290 pp.

Aranegui Gascó, C., López Bertran, M., Vives-Ferrándiz, J., 2011. "The strait and beyond: local communities in Phoenician Lixus (Larache, Morocco)". *Ceramics of the Phoenician-Punic world*, pp. 297-326.

Benattia, H. Bokbot, Y., Onrubia-Pintado, J., Benerradi, M., Bougariane, B., Bouhamidi, B., Carballo-Pérez, J., Echcherif-Baamrani, O., Elqably, A., Ghayati, N., Hachami, H., Kbiri-Alaoui, M., Lazarescu, R., Lombardi, L., Lucarini, G., Martínez-Sánchez, R.M., Mateu-Sagés, M., Menéndez-Molist, P., Montero-Ruiz, I., Ouakrim, Z., Pérez-Jorda, G., Radi, M., Ramon-Torres, J., Sobrevia-Corral, E., Touri, T., Broodbank, C. En prensa. "New light on Bronze Age to early Iron Age Northwest Africa: the farming settlement at Kach Kouch, Morocco (2200-600 BC)". *Antiquity*.

Benattia, H., Onrubia-Pintado, J., Bokbot, Y. En preparación. "Cemeteries, rock art and other ritual monuments of the Tangier Peninsula, northwestern Africa, in wider trans-regional perspective (c. 3000-500 BC)". *African Archaeological Review*.

Bokbot, Y., 2005. "La civilización del vaso Campaniforme en Marruecos y la cuestión del sustrato Calcolítico precampaniforme". En: I. García Martínez de Lagrán, R. Garrido Pena y M. A. Rojo Guerra (eds). *El campaniforme en la Península Ibérica y su contexto europeo Bell Beakers in the Iberian Peninsula and their european context*. Secretariado de Publicaciones e Intercambio Editorial, Valladolid. Pp. 137-160.

Bokbot, Y. y Onrubia Pintado, J., 1995. "Substrat autochtone et colonisation phénicienne au Maroc». *VIe CIHAAN*, pp. 219-231.

Bridoux, V., Kbiri Alaoui, M., Kermorvant, A., 2009. "Kouass (Asilah, Maroc)". *Mélanges de l'école française de Rome*, vol. 121, no 1, pp. 340-350.

Broodbank, C., Lucarini, G., 2019. "The dynamics of Mediterranean Africa, ca. 9600–1000 BC: An interpretative synthesis of knowns and unknowns". *Journal of Mediterranean Archaeology*, 2019, vol. 32, no 2, pp. 195-267.

Del Amo y De la Hera, M., 1993. "Formas y ritos funerarios en las necrópolis de cistas del sudoeste peninsular". SPAL: Revista de prehistoria y arqueología de la Universidad de Sevilla, n°2. Pp. 162-182.

El Idrissi, A., 2001. *Le Néolithique ancien du Maroc septentrional dans son contexte régional*. Tesis Doctoral. Thèse de l'INSAP, Rabat. 415 pp.

El Khayari, A., Akerraz, A., 2012. "Al-Qsar Al-Awwal. Nouvelles données archéologiques sur l'occupation de la base vallée de Ksar de la période tardo-antique au haut Moyen-âge". *En A. El Boudjay (Ed.), Actes du Colloque Ksar Seghir 2500 ans d'échanges intercivilisationnels en Méditerranée, Juin 2011* (pp. 11-34). Rabat: Institut des Études Hispano-Lusophones.

Fregel, R., Méndez, F.L., Bokbot, Y., Martín-Socas, D., Camalich-Massieu, M.D., Santana, J., Morales, J., Ávila-Arcos, M.C., Underhill, P.A., Shapiro, B., Wojcik, G., Rasmussen, M., Soares, A.E.R., Kapp, J., Sockell, A., Rodríguez-Santos, F.J., Mikdad, A., Trujillo-Mederos, A., Bustamante, C.D., 2018. "Ancient genomes from North Africa evidence prehistoric migrations to the Maghreb from both the Levant and Europe". *Proceedings of the National Academy of Sciences*, vol. 115, no 26, pp. 6774-6779.

Iacono, F., Borgna, E., Cattani, M., Cavazzuti, C., Dawson, H., Galanakis, Y., Gori, M., Iaia, C., Ialongo, N., Lachenal, T., Lorrio, A., Micó, R., Molloy, B., Nafplioti, A., Peche-Quilichini, K., Rihuete-Herrada, C., Risch, R., 2022. "Establishing the Middle Sea: The Late Bronze Age of Mediterranean Europe (1700–900 BC)". *Journal of Archaeological Research*, 30: 371-445.

Kbiri Alaoui, M., 2012. "Sidi Driss : un établissement phénicien à l'embouchure de l'oued Amekrane". *Les Traces*, vol. 2012, pp. 145-149.

Martínez Sánchez R.M., Vera-Rodríguez J.C., Pérez-Jordà G., Moreno-García M., Bokbot Y. et Peña-Chocarro L., 2021. "Revisiting the Epipalaeolithic-Neolithic transition in the Extreme NW of Africa: the latest results of the Chronological Sequence of the Cave of Kaf Taht el-Ghar (Tétouan, Morocco)". *African Archaeological Review*, *38*(2), pp. 251-274.

Morales, J., Pérez, G., Peña Chocarro, L., Bokbot, Y., Vera Rodríguez, J.C., Martínez Sánchez, R.M., Linstädter, J., 2016. "The introduction of South-Western Asian domesticated plants in North-Western Africa: an archaeobotanical contribution from Neolithic Morocco". *Quaternary International*, *412*, pp. 96-109.

Onrubia Pintado, J., 1988. "Modalidades, implicaciones y significación de las relaciones prehistóricas ibero-magrebíes. Problemas y perspectivas". En E. Ripoll Perelló (ed.)*, Actas del Congreso Internacional "El estrecho de Gibraltar".* Tomo I, . Madrid: UNED. Pp. 147-171.

Ponsich, M., 1970. *Recherches archéologiques à Tanger et dans sa région.* Paris: Éditions du Centre National de la Recherche Scientifique. 439 pp.

Raissouni, B., Bernal Casasola, D., El Khayari, A., Ramos Muñoz, J., Zouak, M., 2016. *Carta arqueológica del Norte de Marruecos (2008-2012): prospección y yacimientos, un primer avance: vol. I. Carta arqueológica del Norte de Marruecos (2008-2012).* Servicio de publicaciones Universidad de Cádiz, Dádiz.558 pp.

Ramos Muñoz, J., Domínguez Bella, S. y Vijande Vila, E., 2010. "La industria lítica tallada. Contribución al trabajo y a actividades productivas tradicionales del yacimiento Plaza de la Catedral de Ceuta". En F. Villada Paredes, J. Ramon Torres, J. Suárez Padilla (eds.): *El asentamiento protohistórico de Ceuta. Indígenas y fenicios en la orilla norteafricana del estrecho de Gibraltar.* Ciudad Autónoma de Ceuta, Archivo General de Ceuta, Ciudad Autónoma de Ceuta. Pp. 481-515.

Ramos, J., Zouak, M., Vijande, E., Cantillo, J. J., Domínguez-Bella, S., Maate, A., El Idrissi, A., Cabral, A., Gutiérrez, J. M. y Barrena, A., 2011. "Carta arqueológica del Norte de Marruecos. Resultados de las ocupaciones de sociedades prehistóricas (campañas 2009 y 2010)". En: D. Bernal, B. Raissouni, M. Arcila, M. Youbi Idrisi, J. Ramos, M. Zouak, J.A. López Sánchez, M. Maatouk, A. El Khayari, B. El Moumni, M. Ghottes y A. Azzariohi (eds.): *Arqueología y turismo en el círculo del Estrecho,* Colección de Monografías del Museo Arqueológico de Tetuán (III), Servicio de Publicaciones de la Universidad de Cádiz, Servicio de Publicaciones de la Diputación de Cádiz y Dirección Regional de Cultura Tánger-Tetuán, Cádiz, pp. 53-94.

Ruiz-Galvez Priego, M., (ed.) 1995. "Ritos de paso y puntos de paso: la ría de Huelva en el mundo del Bronce Final europeo". *Complutum. Extra*, no 5. Pp. 129-156.

Schuhmacher, T.X.; Banerjee, A., 2012. "Procedencia e intercambio de marfil en el Calcolítico de la Península Ibérica". *Rubricatum: revista del Museu de Gavà*, no 5, p. 289-298.

Souville, G., 1973. *Atlas préhistorique du Maroc: le Maroc atlantique.* Éditions du Centre national de la recherche scientifique. Paris 382pp.

Tarradell, M., 1954 *Noticia sobre la excavación de Gar Cahal.* Alta Comisaría de España en Marruecos, Delegación de Educación y Cultura.

Tarradell, M., 1957. "Caf Taht el Gar, cueva neolítica en la región de Tetuán (Marruecos)". *Empúries: revista de món clàssic i antiguitat tardana*, no 19, pp. 137-166.

Tarradell, M., 1959. *El estrecho de Gibraltar ¿Puente o frontera?: (sobre las relaciones post-neolíticas entre Marruecos y la Península Ibérica).* Cremades.

Vijande, E., Ramos, J., Zouak, M., Cantillo, J.J., El Idrissi, A., Domínguez-Bella, S. y Maate, A., 2011." Revisión de los productos arqueológicos de la cueva de Gar Cahal depositados en el museo Arqueológico de Tetuán". En D. Bernal Casasola (ed.) *Actas del III Seminario Hispano-marroquí (Algeciras, 2011).* Colección de Monografías del Museo Arqueológico de Tetuán (III). Servicio de publicaciones UCA, Cadiz. Pp. 265-287.

Vijande-Vila, E., Cantillo-Duarte, J.J., Ramos-Muñoz, J., Bernal-Casasola, D., Domínguez-Bella, S., Almisas-Cruz, S., Clemente-Conte, I., Mazzuco, N., Soriguer-Escofet, M. Ruíz-Zapata, B.; Gil, M.J., Uzquiano, P., Zurro, D., Riquelme, J. A., Sánchez-Marco, A., Rosas A., Estalrich, A., Bastir, M., Cuenca-Solana, D., Moreno-Márquez, A., Martínez-Cuesta, R., Ramos-García, P, 2019. "The Occupation of Benzú Cave (Ceuta) by Neolithic and Bronze Age Societies". *African Archaeological Review.* Vol. 36, no 2, pp. 317-338.

Villada Paredes, F., Ramon Torres J., Suárez Padilla, J., 2010. *El asentamiento protohistórico de Ceuta. Indígenas y fenicios en la orilla norteafricana del estrecho de Gibraltar.* Ciudad Autónoma de Ceuta, Archivo General de Ceuta, Ciudad Autónoma de Ceuta. 546 pp.

BtaAN